Heiko Bräuning

# Ich will euch trösten

Heiko Bräuning

# Ich will euch trösten

Hoffnungsvolles und Tröstliches

cap-books

Bestell-Nr.: 50 50501
ISBN 978-3-86773-253-6
Alle Texte, wenn nicht anders vermerkt: Heiko Bräuning
© cap-books, 2015

Alle Rechte vorbehalten
© 2015 cap-Verlag
Oberer Garten 8
D-72221 Haiterbach-Beihingen
07456-9393-0
info@cap-music.de
www.cap-books.de

Umschlaggestaltung und Titelbild: Ralf Margott

Bilder von:
Anita Kerekesch (Seite 8, 21, 22+23, 31, 37, 41, 42–43, 47, 61, 62–63, 65, 69, 70–71, 73, 77; anitakerekesch@aol.com)
Kornelia Krause (Seite 10, 16, 27, 32, 48, 56, 59; www.nachdenkbilder.de)
Angela Steeb (Seite 6, 12, 15, 19, 24, 28, 35, 38, 44, 51, 52, 55, 66, 74, 78; www.angelasteeb.de)

Wir danken den Künstlern für das Bereitstellen der Bilder.

Lektorat: Ute Mayer
Satz: Nils Großbach
Innenlayout: Jan Henkel

Die Quellen wurden geprüft, konnten aber nicht immer zweifelsfrei festgestellt werden.
Für Hinweise ist der Verlag dankbar.

Bibelzitate aus:
Lutherbibel, revidierter Text 1984, durchgesehene Ausgabe, © 1999 Deutsche Bibelgesellschaft, Stuttgart.

Printed in the EU

Gott spricht: Ich will euch trösten, wie einen seine Mutter tröstet.

Jesaja 66,13

# Ich will euch trösten

Ich will euch trösten, ich will euch trösten,
wie eine Mutter ihr Kind.
Ich will euch trösten, ich will euch trösten,
bis alle Tränen getrocknet sind.

1. Getröstet sollen sein, die keine Kraft mehr spüren,
getröstet sollt ihr sein, ich will euch sicher führen.
Getröstet sollen sein, die einsam und allein,
seid getrost, ich werde bei euch sein.

2. Getröstet sollen sein, die mühselig beladen,
getröstet sollt ihr sein, ich will euch weiter tragen.
Getröstet sollen sein, die tief gefallen sind,
seid getrost, die Mutter hält ihr Kind.

Tröstet, tröstet, tröstet mein Volk!
Tröstet, tröstet, tröstet mein Volk!
Tröstet, tröstet, tröstet mein Volk!

Ich will euch trösten, ich will euch trösten,
wie eine Mutter ihr Kind.
Ich will euch trösten, ich will euch trösten,
bis alle Tränen getrocknet sind,
bis alle Tränen getrocknet sind.

Text und Musik: Heiko Bräuning
© cap-music, 72221 Haiterbach-Beihingen
Dieses Lied ist zu hören auf der CD-Card 52 40127

# Inhalt

# Vorwort

Die kleine sechsjährige Lisa wird in der 1. Klasse von der Lehrerin beim Malen beobachtet. „Lisa, das ist ein schönes Bild. Was malst du denn da?" „Ich male den lieben Gott!", gibt Lisa zur Antwort. „Aber Gott kann man nicht malen", meint die Lehrerin. „Warum nicht?", fragt Lisa? „Weil kein Mensch weiß, wie Gott aussieht!" „Dann warten Sie noch fünf Minuten", sagte die Sechsjährige, „dann sehen Sie, wie Gott aussieht." Und Lisa malt weiter.

Ich möchte gerne wissen, wie das Bild von Gott aussah, das Lisa malte. Es stimmt schon: Keiner weiß, wie Gott aussieht. Und doch hat jeder eine Vorstellung von ihm! Die Aussage Gottes im Propheten Jesaja „Ich will euch trösten, wie einen seine Mutter tröstet …" fordert uns geradezu auf, sich Gott vorzustellen – eben als eine Mutter, die mit unteilbarer, unvorstellbarer, unnachgiebiger Liebe tröstet. Die eigenen Kinder, aber auch die anderen Menschen, die das Mutterherz ergreift.

Das hebräische Wort für trösten (nicham) heißt so viel wie „aufatmen lassen". Trost lässt wieder atmen, wenn uns vieles die Kehle abschnürt und wir um Atem ringen. Vieles kennen wir, was das Leben schwer, eng und trostlos macht. Die ungewisse Zukunft, die Frage, wie es weitergehen soll. Der fehlende Überblick und Durchblick. Die verheerenden Katastrophen im Kleinen wie im Großen. Die mangelnden Perspektiven. Hoffnungslosigkeit. Wie tröstlich, wenn Gott uns in seinem mütterlichen Trost wieder neue Luft zum Atmen schenkt. Zum Durchatmen. Zum Aufatmen.

K.Krause

Luft holen beinhaltet auch, zur Ruhe zu kommen, abzuschalten, loszulassen. Zu mir selbst finden und innerlich auf einen hohen Felsen steigen: das weite Land sehen, Perspektive gewinnen, Übersicht haben, einen festen Standort. Und so getrost und ermutigt weitergehen!

Die Zuwendung der tröstenden Mutter ist ein Leben lang da. Ihre Bereitschaft zu trösten ist durch nichts zu verhindern oder zu zerstören. Die Mutter liebt ihr Kind. Und ehrlich gesagt, das Kind liebt ein Leben lang seine Mutter, auch wenn es zu Zerwürfnissen kommt. Gott, der wie eine Mutter tröstet, steht mit offenen Armen und wartet, wen er trösten darf. Seine Liebe zu uns ist grenzenlos und bedingungslos.

Es liegt eine ungeheure Spannung über unserem Leben: Wir dürfen gespannt sein, was sich durch den Trost Gottes in unserem Leben verändert!

Heiko Bräuning

# Getrost überrascht

Gott spricht: Ich will euch trösten, wie einen seine Mutter tröstet.

JESAJA 66,13

Ein kleiner Junge, ungefähr acht Jahre alt, steht barfüßig auf dem Gehweg vor einem Schuhgeschäft. Er späht durch das Schaufenster und zittert vor Kälte. Eine Dame nähert sich dem Jungen und sagt: „Mein Kleiner, warum schaust du so ernst in das Schaufenster?"

„Ich habe Gott gebeten, mir ein Paar Schuhe zu geben", antwortet der Junge. Die Dame nimmt ihn an der Hand, geht in den Laden und bittet den Angestellten, dem Jungen sechs Paar Socken zu bringen. Dann bittet sie noch um eine Schüssel Wasser und ein Handtuch. Er bringt alles schnell herbei. Sie führt den Kleinen zum hinteren Teil des Ladens, zieht ihre Handschuhe aus, kniet nieder, wäscht seine kleinen Füße und trocknet sie mit einem Handtuch ab. Nachdem sie dem Jungen Socken angezogen hat, kauft sie ihm ein Paar Schuhe, verschnürt die restlichen Socken und gibt sie ihm. Sie streichelt seinen Kopf und sagt: „Da, Kleiner, fühlst du dich jetzt besser?" Als sie sich zum Gehen wendet, ergreift der erstaunte Junge ihre Hand, schaut sie mit Tränen in den Augen an und fragt ernsthaft: „Bist du Gottes Frau?"

*Die Welt ist voll von solchen Frauen und Männern Gottes. Was für ein Trost! Überall können sie uns unverhofft, wie aus heiterem Himmel, begegnen. Immer mit der Frage auf dem Herzen und den Lippen: „Warum schaust du so ernst?" – „Was kann ich dir Gutes tun?" – „Was fehlt dir?"*

*Auf diese Weise ist das Reich Gottes schon lange und schon groß unter uns gewachsen! Tröstlich, und gut zu wissen!*

# Getrost Abschied nehmen

Ich habe dich je und je geliebt,
darum habe ich dich zu mir gezogen aus lauter Güte.

JEREMIA 31,3

Eine Frau mit Krebs lag im Sterben. Ein Priester wurde gerufen. Er versuchte, sie zu trösten, aber ohne Erfolg. „Ich bin verloren!", sagte sie. „Ich hab mein Leben ruiniert und das Leben aller um mich herum. Es gibt für mich keine Hoffnung."

Der Priester sah einen Bilderrahmen mit dem Foto eines hübschen Mädchens auf der Kommode stehen. „Wer ist das?", fragte er.

Der Ausdruck im Gesicht der Frau hellte sich auf. „Das ist meine Tochter, das einzig Schöne in meinem Leben!"

„Und würden Sie ihr helfen, wenn sie Ärger hätte oder wenn sie einen Fehler gemacht hätte? Würden Sie ihr vergeben? Würden Sie sie immer noch lieben?"

„Natürlich würde ich das!", rief die Frau. „Ich würde alles für sie tun! Warum stellen Sie so eine Frage?"

„Weil ich wollte, dass Sie wissen", sagte der Priester, „dass Gott so ein Foto von Ihnen auf seiner Kommode hat."

*Und wenn Sie nichts mehr glauben können. Wenn keine Hoffnung mehr da ist. Dann vertrauen Sie darauf: Gott hat Sie persönlich vor Augen. Er hat ein Bild von Ihnen im Herzen! Und ihm entgeht nichts! „Siehe, in meine Hände habe ich dich gezeichnet", lässt der Prophet Jesaja für Sie persönlich ausrichten!*

*Gutes und Barmherzigkeit werden mir folgen mein Leben lang.*

# Getrost trösten

Der Geist Gottes des Herrn ist auf mir, weil der Herr mich gesalbt hat. Er hat mich gesandt, den Elenden gute Botschaft zu bringen, die zerbrochenen Herzen zu verbinden, zu verkündigen den Gefangenen die Freiheit, den Gebundenen, dass sie frei und ledig sein sollen; zu verkündigen ein gnädiges Jahr des Herrn und einen Tag der Vergeltung unsres Gottes, zu trösten alle Trauernden.

JESAJA 61,1-2

Da der Fernseher nicht mehr funktionierte, rief das Ehepaar einen Elektriker. Als der Elektriker den Fernseher aufgeschraubt hatte, sah er innen viele kleine Brotkrümel. Das Ehepaar wusste sofort, dass dies nur ihre kleine sechsjährige Tochter gewesen sein konnte. Sie waren sehr sauer und wollten von ihrer Tochter wissen, warum sie so etwas tat. Nachdem die Mutter den Grund für die Brotkrümel erfahren hatte, kamen ihr die Tränen: Das kleine Mädchen sah im Fernsehen die Menschen in Afrika, die vor Hunger sterben. Deshalb rannte sie in die Küche und machte das Brot klein, damit es durch die Lüftungslöcher des Fernsehers passte, in der Hoffnung, dass es die Menschen in Afrika erreicht.

*So viele Krümel sind noch da! Und der ein oder andere wird Sie erreichen! Öffnen Sie sich für die vielfältigen Tröstungen, für die kleinen Hoffnungskrümel, die andere Ihnen bewusst zukommen lassen. Seien Sie gewiss: Aus Krümeln kann viel mehr werden. Laben Sie sich daran. Und erkennen Sie darin den Trost, der Ihnen zugedacht ist!*

# Getrost hinziehen

Und siehe, ich bin mit dir und will dich behüten, wo du hinziehst, und will dich wieder herbringen in dies Land. Denn ich will dich nicht verlassen, bis ich alles tue, was ich dir zugesagt habe.

1. Mose 28,15

„Wo willst du hin, kleines Fräulein?", fragte ein Busfahrer in London.

Der einzige Fahrgast in dieser Etage des doppelstöckigen Wagens war ein noch sehr kleines Mädchen, das ruhig in einer Ecke saß. Zuerst gab es keine Antwort, aber nach einem Augenblick des Zögerns sagte sie: „Ich will nach Hause."

Der Fahrer pfiff ein paar Töne vor sich hin, fragte dann aber wieder: „Wo willst du nun wirklich hin?"

„Heim", lautete die Antwort, diesmal in einem etwas beunruhigten Ton.

„Aber wo willst du aussteigen?" Das Kind sah den Fahrer mit einem verwirrten Ausdruck an, doch plötzlich hellte sich sein Gesicht auf und es sagte glücklich: „Ich weiß es nicht, aber mein Vati weiß es." Dann zeigte sie gegen die Decke: „Da oben ist er." An der nächsten Haltestelle kam tatsächlich ein breitschultriger Mann aus dem oberen Stock die Treppe herab und rief: „Komm, Rosel, hier müssen wir aussteigen!"

*Auch wenn wir nicht mehr wissen, wohin die Reise geht. Wenn wir nicht mehr wissen, wie es weitergehen soll. Wir dürfen damit rechnen, dass Gott, unser Vater, den Überblick behält. Er weiß, wo es lang geht. Er kennt den Weg. Er kennt jede Etappe unserer Reise. Das ist Trost in schweren Stunden und dunklen Tälern. Ich sehe nichts, aber darf es glauben: Gott ist da, und er weiß den Weg.*

# Getrost aufbrechen

Siehe, ich habe dir geboten, dass du getrost und unverzagt seist. Lass dir nicht grauen und entsetze dich nicht; denn der Herr, dein Gott, ist mit dir in allem, was du tun wirst.

JOSUA 1,9

Es gibt einen Mann mit dem Namen Merhan Karimi Nasseri, der elf Jahre lang in einem Flughafen gelebt hatte. Von seinem Heimatland Iran ausgewiesen ist er 1988 nach Paris geflohen. Er hatte von Belgien eine Einreisegenehmigung bekommen, die ihn als Flüchtling ausgewiesen hatte, behauptete aber, dass dieses Dokument ihm gestohlen wurde. Jetzt war er ein Mensch ohne Heimat und ohne Papiere. Er durfte das Terminal 1 des Pariser Flughafens nicht verlassen. Die Verantwortlichen des Flughafens erlaubten es ihm, in dem Flughafen zu leben. Er richtete sich auf einer Bank häuslich ein, auf einem Tisch schrieb er Einträge in ein Tagebuch. Von Flughafenmitarbeitern bekam er Geldspenden und Lebensmittel, damit er überleben konnte; als Ausgleich übernahm er Putzarbeiten. 1999 bekam Nasseri von einer französischen Behörde eine Aufenthaltsgenehmigung und Reisedokumente, die international gültig waren. Er durfte jetzt hingehen, wo er wollte. Wohl nahm er die Dokumente dankbar an, aber anstatt in die Freiheit zu ziehen, setzte er sich auf seine Bank und schrieb in seinem Tagebuch weiter; er wollte nicht weg. Er war innerlich nicht in der Lage, seinen vertrauten Platz am Flughafen zu verlassen. Die Vorstellung, die Bank und den Tisch zu verlassen, die für ihn 11 Jahre lang seine Heimat waren, erweckte in ihm eine solch panische Angst, dass er nicht weggehen konnte. Die Flughafenverantwortlichen meinten, dass sie ihn nicht zwingen würden, den Flughafen zu verlassen, aber dass sie sanft auf ihn einwirken und ihn ermutigen wollten, ein neues Leben in Freiheit zu beginnen.

*Ich weiß nicht, wo Sie gerade festsitzen! Mag sein, dass Sie es sich schön einge- richtet haben. Und trotzdem darunter leiden. Denken Sie daran: Gott hat Sie zur Freiheit berufen. Er will nicht, dass Sie festsitzen, dass Sie „sess-haft" oder „wohn-haft" sind. Auch wenn es schwer- fällt, aufzubrechen: Das Neue ist von Gott persönlich schon für Sie entdeckt, durchdacht und vorbereitet. Brechen Sie getrost in die Freiheit auf. Lassen Sie ge- lassen und entspannt los. Gott wird Frie- den machen und Ihnen Zufriedenheit schenken!*

# Getrost im Plus

Der Tod ist verschlungen vom Sieg. Tod, wo ist dein Sieg? Tod, wo ist dein Stachel? Der Stachel des Todes aber ist die Sünde, die Kraft aber der Sünde ist das Gesetz. Gott aber sei Dank, der uns den Sieg gibt durch unsern Herrn Jesus Christus!

1. KORINTHER 15,54-57

Ein kleines Mädchen kommt aus einem Dorf, in dem es keine Kirche gibt, in die Stadt. Nun sieht es so viele Kirchen, und auf jedem Kirchenturm ein Kreuz. Verwundert fragt das Mädchen (das offenbar gut in Mathe ist): „Mama, warum ist denn da oben immer ein Plus?"

„Weißt du, Liebes, als der Mensch am Anfang der Schlange Gehör schenkte, ist es mit seinem Leben bergab gegangen. Egal, was er machte, es kam immer ein Minus raus. Sein Leben war ein einziges Minus. Nun kam aber Jesus auf die Erde, und am Kreuz machte er aus unserem Minus ein Plus."

Selig ist der, dessen Minus Jesus bereits in ein Plus verwandelt hat.

*Was für ein Trost: Gott verwandelt unser Minus in Plus! Alles, worunter wir leiden, weil es uns misslungen ist, weil wir so viel schuldig geblieben sind, weil wir immer meinen, zu wenig zu haben und zu kurz gekommen zu sein: Gott verwandelt es in seiner Größe in ein Plus! Nehmen Sie sich dieses Plus, dieses Kreuz zu Herzen! Es ist Ihr persönliches Plus! Stellen Sie es sich persönlich auf. Nichts und niemand kann Ihnen dieses Plus nehmen und ins Minus verwandeln! Gott ist treu!*

# Getrost weiterwissen

Denn ich weiß wohl, was ich für Gedanken über euch habe, spricht der Herr: Gedanken des Friedens und nicht des Leides, dass ich euch gebe das Ende, des ihr wartet. Und ihr werdet mich anrufen und hingehen und mich bitten und ich will euch erhören. Ihr werdet mich suchen und finden; denn wenn ihr mich von ganzem Herzen suchen werdet, so will ich mich von euch finden lassen, spricht der Herr.

JEREMIA 29,11-14

Ein Mann reitet durch die Wüste. Er sieht drei Menschen, die sehr traurig sind, und steigt von seinem Kamel. Sie erzählen, ihr Vater sei gestorben. Der Mann tröstet sie und sagt, der Vater habe ihnen doch sicher etwas hinterlassen. Die drei antworten: Ja, gerade darin liege das Problem. Es seien 17 Kamele aufzuteilen. Der Älteste der drei bekomme die Hälfte. Der Zweitgeborene ein Drittel und der Jüngste ein Neuntel. Mit 17 Kamelen sei das unmöglich. Der Mann überlegt und meint lächelnd: „Nehmt mein Kamel dazu, dann wird es funktionieren." So bekam von den 18 Kamelen der älteste Bruder die Hälfte, also neun. Der mittlere Bruder bekam ein Drittel, also sechs, und der jüngste ein Neuntel, also zwei Kamele. Ein Kamel blieb übrig – das Kamel des fremden Mannes. Er grüßte, stieg auf und ritt seines Weges.[1]

Da kommt einer vorbei, der Ihnen Hilfe anbietet. Da erkennen Sie, wie es aufgeht, wie es weitergeht, dass es geht!

*Wie oft sind wir mit unserer Weisheit am Ende. Wissen nicht mehr, wie es aufgehen soll, wie es gut gehen soll, wie es weitergehen kann. Dann kommt unverhofft ein guter Mensch, wie aus dem Nichts. Er hat einen weisen Ratschlag. Und das hilft! Öffnen Sie sich und Ihre Situation für solche Boten Gottes. Wenn wir uns in uns selbst zurückziehen, vor den Menschen verbergen und verstecken, wird es schwer sein, dass ein guter Rat, eine gute Botschaft, eine neue Perspektive unsere Situation verändert!*

# Getrost verändern lassen

Du hast mir meine Klage verwandelt in einen Reigen, du hast mir den Sack der Trauer ausgezogen und mich mit Freude gegürtet, dass ich dir lobsinge und nicht stille werde. Herr, mein Gott, ich will dir danken in Ewigkeit.

PSALM 30,12-13

Der Träger des Alternative Nobelpreises, Nicolas Pernas, beschrieb die Verwandlung einer Raupe: Wenn sich eine Raupe in einen Schmetterling verpuppt, tauchen in ihrem Körper sogenannte Imago-Zellen auf, Schmetterlingszellen, die im alten Raupenkörper bereits die Zukunft vorausnehmen. Die erste Generation dieser Zellen wird vom Immunsystem der Raupe als Fremdkörper angegriffen und vernichtet. Die zweite Generation wird ebenfalls scharf attackiert, doch sie hat bereits gelernt, die Immunzellen der schwächelnden Raupe so zu infizieren, dass sie selbst Imago-Zellen hervorbringen. Irgendwann schließen sich die isolierten Imago-Zellen zu Cluster zusammen, die sich wiederum über Zellstraßen vernetzen. Dann kommt der Moment, in dem diese vielen Zukunftszellen und Zukunftscluster kapieren: Wir sind gar keine Raupe mehr, wir sind schon längst etwas anderes! Von dem Augenblick an geht es rasend schnell!

*Erleben Sie, dass schon im Hier und Jetzt Ihre Klage verwandelt wird. Dass das Trauerkleid ausgezogen wird und Ihnen ein Freudenkleid von Gott gereicht wird. Verwandlung ist still und leise. Nichts Lautes, nichts Spektakuläres. Deshalb will sie wahrgenommen werden. Durch Stillsein und Hoffen, durch Spüren und Innehalten. Werden Sie getrost: schon jetzt verwandelt Gott etwas zu Ihrem Besten, zu Ihren Gunsten!*

# Getrost sorglos

Lobe den Herrn, meine Seele, und vergiss nicht, was er dir Gutes getan hat: der dir alle deine Sünde vergibt und heilet alle deine Gebrechen, der dein Leben vom Verderben erlöst, der dich krönet mit Gnade und Barmherzigkeit, der deinen Mund fröhlich macht und du wieder jung wirst wie ein Adler.

PSALM 103,2-5

Katharina von Bora, die Ehefrau von Martin Luther, hielt streng alle Störungen von ihrem vielbeschäftigten Mann fern. Sie tröstete ihn auch, wenn ihn Sorgen oder Zweifel quälten. Als Luther einmal mehrere Tage sehr niedergeschlagen war, trat sie plötzlich in schwarzer Trauerkleidung in sein Zimmer. „Wer ist gestorben?", fragte Luther erschrocken. „Gott ist gestorben", antwortete sie, „denn du willst ja nicht aufhören, dir Sorgen zu machen." Da musste Luther lachen und wurde wieder froh.

*Sind Sie niedergeschlagen? Ist Ihnen das Lachen vergangen? Stimmen Sie ständig Trauergesänge an und hängen alle Fahnen auf Halbmast? Dann lassen Sie sich daran erinnern: Gott ist nicht tot. Er ist nicht gestorben. Er ist auferstanden und lebt! Und er ist Ihr persönlicher Herr, der will, dass Sie leben und glücklich sind!*

*Trauer über den toten Gott war drei Tage lang. Danach kam die Freude über das neue Leben! Lassen Sie sich den österlichen Jubel zurufen: Der Herr ist auferstanden, er lebt! Wahrhaftig! Und er will, dass Sie auch leben! Und Leben in Fülle haben!*

K.Krause

# Getrost Danke sagen

Danket dem Herrn; denn er ist freundlich, und seine Güte währet ewiglich.

PSALM 107,1

Seit Wochen im Internet bei Facebook: Danke-Challenge – die Herausforderung der Dankbarkeit! Ein Mädchen erklärt: „An fünf aufeinanderfolgenden Tagen werde ich jeweils drei Dinge posten, für die ich dankbar bin."

„Es sei endlich einmal die Möglichkeit, von den negativen Schlagzeilen abzulenken", meint ein anderer.

„Endlich muss ich mal nachdenken und kann tiefgründig und persönlich für mich wichtige Punkte aussprechen", findet ein weiteres Mädchen. Es sei eine Chance, sich zu besinnen, und sich und seine Umgebung näher zu betrachten und zu beachten. Ein Versuch sei es allemal wert, durch eine Challenge, die Dank verbreiten soll, die Welt mitsamt negativ besetzter Struktur etwas „geschmeidiger" zu machen.

*Fangen Sie noch heute an, Danke zu sagen. Auch wenn viele Gründe dagegen sprechen. Die Dankbarkeit wird Ihre Sicht der Dinge verändern. Lassen Sie sich überraschen! Wir haben mehr Gründe, dankbar zu sein, als Gründe, undankbar zu sein. Aber es kostet unsere Aufmerksamkeit. Es kostet ein Innehalten und sich der vielen Gründe bewusst zu werden. Es ist eine Herausforderung. Wer die meistert, erlebt das Glück!*

# Getrost Schritt für Schritt

Wir wissen aber, dass denen, die Gott lieben, alle Dinge zum Besten dienen.

RÖMER 8,28

Martin Luther: „Das Leben ist nicht ein Frommsein, sondern ein Frommwerden, nicht eine Gesundheit, sondern ein Gesundwerden, nicht ein Sein, sondern ein Werden, nicht eine Ruhe, sondern eine Übung. Wir sind es noch nicht, wir werden es aber. Es ist noch nicht getan oder geschehen, es ist aber im Gang und im Schwang. Es ist nicht das Ende, es ist aber der Weg. Es glüht und glänzt noch nicht alles, es reinigt sich aber alles.“

*Es ist viel im Auf- und Umbruch. An manchen Tagen geht alles viel zu schnell. Wir kommen kaum nach. Und das flößt uns Angst ein. Macht uns traurig, missmutig, ungeduldig und zweifelnd. Trösten Sie sich: Gott wird nichts entgangen sein. Es wird nicht alles auf einen Schlag zum Besten gewendet, aber Schritt für Schritt, so dass wir mithalten können. Gott hat den Anfang und das Ende im Blick. Er kennt die Route. Er führt den Weg. Er weiß, was wir nötig haben und wird uns reich beschenken! Der Gott des Friedens tröste Sie!*

# Getrost in der Angst

Ich liege und schlafe ganz mit Frieden;
denn allein du, Herr, hilfst mir, dass ich sicher wohne.

PSALM 4,9

Als kleiner Junge schlief Friedrich von Bodelschwingh mit seiner Schwester in einem Zimmer. Durch etwas werden die beiden plötzlich aufgeweckt. Aufrecht sitzen sie in ihren Betten und fürchten sich. „Komm", sagt die Schwester, „komm, wir stehen schnell auf und gehen ins Wohnzimmer." Das aber erschreckt den Kleinen noch mehr, denn der Weg führt durch zwei stockdunkle Räume. Sie zögern. Aber dann, als die Angst immer größer wird, wagen sie es doch. Hand in Hand tasten sie sich in ihren Nachthemdchen durch das erste dunkle Zimmer, und dann durch das zweite. Die Herzen klopfen vor Angst und Erwartung. Aber plötzlich öffnet sich die Wohnzimmertür. Im hell erleuchteten Raum steht der Vater, der seine beiden Kinder bereits gehört hat. Unter den Händen des Vaters, die sich auf ihre Köpfe legen, sind plötzlich alle Ängste vergessen. Der Kleine sagt: „Vater, ich wollte doch nur zu dir."

Von Bodelschwingh schreibt über sein Kindheitserlebnis: „Das ist Beten, sich aus der Welt der Angst aufmachen und zum Vater gehen. Beten heißt, sehen, wie die Tür sich auftut. Beten heißt, seinen Kopf neigen, dass der Vater seine Hand drauflegen kann. Beten heißt, sagen: Vater, ich wollte nur zu dir."

*Was hat Sie heute Nacht wieder um den Schlaf gebracht? Was hat Sie aus dem Schlaf gerissen, nervös, unruhig und schlaflos gemacht? Gott schläft nicht. Er kümmert sich auch dann um unsere Sorgen und Probleme, wenn wir zur Ruhe kommen müssen. Er weiß um unser Aufgeschrecktsein. Der Vater kümmert sich*

*darum. Auch wenn wir es nicht merken, nicht wahrnehmen. Der Vater ist bei uns und wir dürfen in der Nähe des Vaters sein!*

# Getrost das Beste

Den Frieden lasse ich euch, meinen Frieden gebe ich euch.
Nicht gebe ich euch wie die Welt gibt.
Euer Herz erschrecke nicht und fürchte sich nicht.

JOHANNES 14,27

„Euer Gott ist ein Dieb", sprach der Kaiser zu Rabbi Gamaliel, „er raubte Adam eine Rippe." Der Rabbi ging betrübt nach Hause.

„Lass mich zu ihm gehen", sprach seine Tochter, „ich will ihm antworten."

„Gebt mir einen Offizier!", sprach das Mädchen zum Kaiser, „denn heute Nacht wurde bei uns eingebrochen. Man stahl uns einen silbernen Krug und stellte dafür einen goldenen ab."

Der Kaiser lachte: „Solche Diebe lobe ich mir. Sie dürften jede Nacht zu mir kommen."

Die Augen des Mädchens blitzten: „Seht, Imperator, so ein Dieb ist unser Gott: Er stahl Adam eine Rippe und schenkte ihm dafür ein Geschöpf, das ihn liebt."

Nein, Gott ist kein Dieb. Er ist ein Wohltäter. Er schenkt uns das Beste, was er hat, und wir dürfen darauf vertrauen, dass alles zu unserem Besten dient!

*So oft haben wir Gott schon für einen Dieb gehalten. Er hat's gegeben, er hat's genommen. Das Liebste, das Beste. Und wir verstehen es nicht. Aber Gott ist kein Dieb. Gott will das Beste für uns. Mit weniger begnügt er sich nicht. Wer meint, viel verloren zu haben, wer untröstlich ist wegen der geraubten Ehre, der gestohlenen Würde, der darf sich trösten: Gott wird wiederherstellen. Er wird hervorbringen: Neues, Gutes, Bestes!*

# Getrost das Herz ausschütten

Ein jegliches hat seine Zeit, und alles Vorhaben unter dem Himmel hat seine Stunde:
… weinen hat seine Zeit, lachen hat seine Zeit; klagen hat seine Zeit …
PREDIGER 3,1FF

Elie Wiesel erzählt von einem Traum: „Im Königreich der Nacht nahm ich an einem sehr merkwürdigen Prozess teil. Drei fromme und gelehrte Rabbiner hatten beschlossen, über Gott zu Gericht zu sitzen wegen des Blutbades unter seinen Kindern. In erregter Diskussion erhoben sie verbittert Anklage gegen Gott, der sein Volk dem Vergessen und somit den Mördern anheim gegeben habe; Gott komme seinen Bundesverpflichtungen gegenüber den Juden in sträflicher Weise nicht nach. Nach dem Prozess, in dessen Verlauf Gott schuldig gesprochen wurde, sagte einer der Rabbiner in Anbetracht der untergehenden Sonne, es sei Zeit zum Gebet. Und sie senkten ihre Köpfe und beteten.“[2]

*Dürfen wir Gott anklagen? „Ja, wir dürfen“, sagt Elie Wiesel. „Abraham hat es getan, Moses und Hiob haben es getan, der Talmud ist voll von Rabbinen, die gegen Gott protestiert haben. Und in der chassidischen Literatur hat Rabbi Levi-Jischak von Beditschew ständig Gott angeklagt.“*

*Von diesem Rabbi Levi-Jischak erzählt man sich, dass keiner vor und nach ihm so tollkühn war, sich gegen Gott zu stellen. Einmal blieb er vom Morgen bis zum Abend stumm vor seinem Gebetspult stehen, ohne die Lippen zu bewegen. Vorher nämlich hatte er Gott gewarnt: „Wenn du dich weigerst, unsere Gebete zu erhören, spreche ich sie nicht mehr!“*

*Die jüdische Tradition, darauf wollen wir ausdrücklich hinweisen, erlaubt es dem Menschen, Gott alles zu sagen, sofern es gut für den Menschen ist. Gott*

anklagen ist nichts anderes, als mit seinen Klagen vor Gott kommen. Ihm das
Herz ausschütten. Offen und ehrlich,
unverblümt, ungeschönt. Und dann erleben wir: „Du hast mir meine Klage verwandelt in einen Reigen, du hast mir den
Sack der Trauer ausgezogen und mich
mit Freude gegürtet, dass ich dir lobsinge
und nicht stille werde." (Psalm 30,12-13)

# Getrost gelassen

Siehe, hier bin ich! Du hast mich gerufen.

1. SAMUEL 3,5

Eine große Trockenheit war über das Land gekommen. Zuerst war das Gras gelb und braun geworden, dann starben Büsche und kleinere Bäume. Kein Regen fiel, der Morgen erwachte ohne die Erfrischung des Taus. Viele Tiere waren verdurstet, denn nur wenige hatten noch die Kraft, aus dieser Wüste zu fliehen. Die Trockenheit dauerte an. Selbst die stärksten, ältesten Bäume, deren Wurzeln tief in die Erde reichten, verloren ihre Blätter. Alle Brunnen und Flüsse, die Quellen und Bäche waren vertrocknet. Eine einzige Blume war am Leben geblieben, denn eine ganz kleine Quelle gab noch ein paar Tropfen Wasser. Doch die Quelle verzweifelte: „Alles vertrocknet, verdurstet und stirbt, und ich kann nichts daran ändern. Wozu soll es noch sinnvoll sein, dass ich ein paar Tropfen aus der Erde hole und auf den Boden fallen lasse?" Ein alter kräftiger Baum stand in der Nähe. Er hörte die Klage und sagte, bevor er starb, zur Quelle: „Niemand erwartet von dir, dass du die ganze Wüste zum Grünen bringst. Deine Aufgabe ist es, einer einzigen Blume Leben zu geben. Mehr nicht." (Ein afrikanisches Märchen)

*Wir müssen nicht die ganze Welt verändern! Wir brauchen uns nicht mehr aufzulasten und zumuten, als uns anvertraut ist! Wir dürfen getrost im Kleinen wirken. Mit den uns geschenkten Gaben und Talenten. Damit werden Sie zum Segen für die Welt. Dadurch werden Sie zu einem Weltverbesserer. Durch das Wasser aus Ihrer Quelle werden viele getröstet. Danke für Ihre vielen kleinen Bemühungen. Gott segnet Ihr Tun und Lassen!*

# Getrost gehalten

Jesus Christus hat dem Tode die Macht genommen
und das Licht des unvergänglichen Lebens gebracht durch das Evangelium.

NACH 2. TIMOTHEUS 1,10

Einem afrikanischen Christen wurde seine siebzehnjährige Tochter durch den Tod genommen. Trauer erfüllte die ganze Familie. Aber sie waren auch durch die Hoffnung auf ein ewiges Leben getröstet. Auf das Grab der Tochter setzte der Vater ein schlichtes Holzkreuz und schrieb die Worte darauf: „Der Tod hat keine Hände!" – Als der Missionar ihn fragte, was die Inschrift bedeuten solle, gab der Vater zur Antwort: „Ich weiß, dass mir der Tod mein Kind nicht wegnehmen und auf ewig festhalten kann, sondern ich werde es bei Jesus wiedersehen. Der Tod hat ja seit Ostern keine Hände mehr!"

Nein, der Tod hat keine Hände. Aber Gott hat starke Hände, die uns bis in Ewigkeit festhalten. Jesus sagt von Menschen, die ihm im Glauben gehören (Johannes 10,29): „Mein Vater, der mir sie gegeben hat, ist größer als alles, und niemand kann sie aus des Vaters Hand reißen."

*Ein ergreifender Text von Dietrich Bonhoeffer:*

*„Es gibt nichts, was uns die Abwesenheit eines uns lieben Menschen ersetzen kann und man soll das auch gar nicht versuchen; man muss es einfach aushalten und durchhalten; das klingt zunächst sehr hart, aber es ist doch zugleich ein großer Trost; denn indem die Lücke wirklich unausgefüllt bleibt, bleibt man durch sie miteinander verbunden. Es ist verkehrt, wenn man sagt, Gott füllt die Lücke aus; er füllt sie gar nicht aus, sondern er hält sie vielmehr gerade unausgefüllt und hilft uns dadurch, unsere echte Gemeinschaft – wenn auch unter Schmerzen – zu bewahren. Ferner:*

*je schöner und voller die Erinnerungen,*
*desto schwerer die Trennung. Aber die*
*Dankbarkeit verwandelt die Qual der*
*Erinnerung in eine stille Freude. Man*
*trägt das vergangene Schöne nicht wie*
*einen Stachel, sondern wie ein kostbares*
*Geschenk in sich. Man muss sich hüten*
*in Erinnerungen zu wühlen, sich ihnen*
*auszuliefern, wie man auch ein kostbares*
*Geschenk nicht immerfort betrachtet, son-*
*dern nur zu besonderen Stunden und es*
*sonst nur wie einen verborgenen Schatz,*
*dessen man sich gewiss ist, besitzt; dann*
*geht eine dauernde Freude und Kraft von*
*dem Vergangenen aus."*[3]

K. Krause

# Getrost geliebt

Die Liebe ist langmütig und freundlich, die Liebe eifert nicht, die Liebe treibt nicht Mutwillen, sie bläht sich nicht auf, ... sie erträgt alles, sie glaubt alles, sie hofft alles, sie duldet alles ... Nun aber bleiben Glaube, Hoffnung, Liebe, diese drei; aber die Liebe ist die größte unter ihnen.

1. KORINTHER 13,4+7+13

Dietrich Bonhoeffer sagt 1933 in einer Predigt Folgendes: „Gott schämt sich der Niedrigkeit des Menschen nicht. Er geht mitten hinein, erwählt einen Menschen zu seinem Werkzeug und tut seine Wunder dort, wo man sie am wenigsten erwartet. Gott (...) liebt das Verlorene, das Unbeachtete, Unansehnliche, das Ausgestoßene, das Schwache und Zerbrochene. Wo die Menschen sagen ‚verloren‘, da sagt er ‚gefunden‘. Wo die Menschen sagen ‚gerichtet‘, da sagt er ‚gerettet‘. Wo die Menschen sagen: Nein!, da sagt er: Ja! Wo die Menschen ihren Blick gleichgültig oder hochmütig wegwenden, da ist sein Blick von einer Glut der Liebe wie nirgends sonst. Wo die Menschen sagen: ‚verächtlich‘, da ruft Gott: ‚selig‘. Wo wir an einen Punkt in unserem Leben geraten sind, dass wir uns nur noch vor uns selbst und vor Gott schämen; wo wir meinen, Gott selbst müsse sich jetzt unserer schämen; wo wir uns Gott so fern fühlen wie irgend je im Leben, da gerade ist Gott uns so nah wie nie zuvor. Da will er in unser Leben einbrechen. Da lässt er uns sein Herannahen fühlbar spüren, damit wir das Wunder seiner Liebe, seiner Nähe, seiner Gnade begreifen sollen."[4]

*Gott schämt sich nicht für uns. Er steht ganz zu uns. So wie wir sind, hat er uns geschaffen. Hätte er uns anders gewollt, hätte er uns anders erschaffen. Wissen Sie sich getröstet und geborgen in der grenzenlosen und bedingungslosen Liebe Gottes, die Sie ganz akzeptiert. Die sich ganz für Sie interessiert. Die schätzt, so wie Sie sind. Gott schämt sich nicht für uns!*

# Getrost gesehen

Siehe, ich sende einen Engel vor dir her,
der dich behüte auf dem Wege und dich bringe an den Ort,
den ich bestimmt habe.
2. Mose 23,20

Ein kleines Mädchen spielte im Wald, als ein Unwetter hereinbrach. Die Mutter machte sich große Sorgen, weil ihre Tochter noch nicht nach Hause gekommen war. Sie suchte das Mädchen und irrte mit bangem Herzen umher. Nach langen Suchen sah sie ihre Tochter von der Ferne auf einer Wiese sitzen. Voller Erstaunen beobachtete sie ihre Tochter, die jedes Mal, wenn es blitzte und donnerte, zum Himmel schaute und lächelte. „Warum lachst du zum Himmel hinauf und hast keine Angst vor den Blitzen?", fragte die Mutter.

Das Mädchen antwortete: „Ich muss doch lächeln, wenn Gott ein Foto von mir macht."

*Erzählen Sie sich diese Geschichte Tag für Tag. Gott macht ein Foto von uns. Gerade dann, wenn es um uns herum stürmt! Wenn ein Erdbeben uns den Boden entreißt. Wenn alles um uns herum einstürzt. Gerade in der größten Not sind wir Gott vor Augen. Er hat ein Auge auf uns! Was für ein Trost! Gott denkt ständig an uns!*

# Getrost aufgerichtet

Denn der Herr, dein Gott, ist ein barmherziger Gott; er wird dich nicht verlassen noch verderben, wird auch den Bund nicht vergessen, den er deinen Vätern geschworen hat.

5. MOSE 4,31

„Wer im Glauben beharrt, wird am Ende ganz gewiss erfahren, dass Gott die Seinen nicht verlässt. Er verzieht wohl mit dem Trost und spannt die Saiten so straff, dass man meint, sie müssten sogleich zerreißen. Zu gelegener Zeit aber stellt er sich ein, und gerade dann richtet er uns mit seiner Hilfe auf, wenn wir glauben, ins Verderben zu stürzen", sagte Martin Luther.

*Darunter leiden wir oft: dass die Saiten so straff gespannt sind. Dann fragen wir uns oft, von wem? Machen das Schicksal dafür verantwortlich. Sehen in anderen die Schuldigen. Nein, Gott ist nichts entgangen. Er selbst ist der Meister. Er bestimmt, was wir aushalten. Und er legt uns nie mehr Last auf, als wir tragen können. Trösten Sie sich mit dem Wissen um einen Gott, der will, dass unser Leben klingt. In hellen, schönen Tönen. Und dazu gehört es, dass Saiten gespannt werden. Nur dann entsteht Harmonie, die für andere ein Wohlklang wird!*

# Getrost voller Zuversicht

Ich will dich nicht verlassen noch von dir weichen.

JOSUA 1,5B

Johannes Rau, ehemaliger deutscher Bundespräsident und im Januar 2006 verstorben, schreibt Folgendes: „Wenn meine Kinder mich fragen, wie ich die dürren, manchmal verzweifelten Tage und Wochen meines Lebens gemeistert habe, aber auch, was die wunderbaren Erlebnisse und Erfahrungen waren und sind, dann bin ich ihnen eine Antwort schuldig. Wenn Menschen meiner Generation mich fragen, was sie denn weitergeben sollten, dann sage ich ihnen dies: Sagt euren Kindern, dass euer Leben verdankt ist dem Lebenswillen Gottes. Sagt ihnen, dass euer Mut geliehen war von der Zuversicht Gottes. Sagt ihnen, dass eure Verzweiflung geborgen war in der Gegenwart des Schöpfers."[5]

*Was sagen Sie, wenn Kinder Sie fragen, wie Sie Ihr Leben gemeistert haben? Und ich weiß: Sie haben Ihr Leben gemeistert. Sie hätten tausend Gründe gehabt, ein Kind von Traurigkeit zu werden. Hätten Grund gehabt, die Hoffnung aufzugeben und sich zu verabschieden. Nein, Sie haben es geschafft. Und Sie sind auf Ihre Weise zum Segen für viele Menschen geworden. Das dürfen Sie weitergeben. Nicht zur Ihrer eigenen Ehre, nicht aus Eigenlob. Sondern, weil Gott Sie getragen, geführt, geleitet und gehalten hat. Von Mutterschoß an waren Sie ihm aufgeladen. Und bis ins hohe Alter ist Gott auf Ihrer Seite!*

K.Krause

# Getrost sammeln

Fraget nach dem Herrn und nach seiner Macht,
suchet sein Angesicht allezeit!

1. Chronik 16,11

Es gibt eine Geschichte vom heiligen Benedikt, dem Begründer des Benediktinerordens. Eines Tages war er unterwegs auf seinem Pferd und begegnete einem Bauern. Der Bauer sagte zu ihm: „Sie haben aber einen einfachen Beruf. Ich sollte auch ein Betender werden, dann könnte ich auch auf einem Pferd reiten."

Benedikt erwiderte: „Sie meinen, Beten ist einfach. Also gut: Wenn Sie ein Vaterunser beten können, ohne sich ablenken zu lassen, dann können Sie mein Pferd haben."

„Abgemacht", sagte der überraschte Bauer. Er schloss seine Augen, faltete seine Hände und fing an, laut zu beten: „Vater unser im Himmel, geheiligt werde dein Name, dein Reich komme ..." Plötzlich schaute er auf und fragte: „Bekomme ich auch den Sattel?" Er bekam weder Sattel noch Pferd.

*So viel lenkt uns ab. So viele Sorgen, die sich auftürmen. Probleme, die sich dazwischen schieben. Die durcheinander bringen. Es fällt so schwer, ein Gebet zu sprechen, ohne sich ablenken zu lassen. Wissen Sie darum: kein Gebet geht vor Gott verloren. Lehnen Sie sich aber auch ab und zu getrost und gelassen zurück. Suchen Sie die Nähe Gottes. Das wird manchmal viel Zeit kosten. Aber es lohnt sich. Wer sich auf die Nähe Gottes konzentriert, kann das Leben danach ohne Ablenkung meistern.*

# Getrost befreit

Mache dich auf, werde licht; denn dein Licht kommt,
und die Herrlichkeit des Herrn geht auf über dir!

JESAJA 60,1

An einem Montagmorgen besteigt ein Pastor den Bus, um in die Stadt zu fahren. Er reicht dem Busfahrer einen größeren Geldschein und wartet auf das Wechselgeld. Auf dem Sitzplatz angekommen, zählt er das Geld nach und stellt fest, dass ihm der Busfahrer zu viel herausgegeben hat. Er bleibt sitzen und seine Gedanken machen sich an die Arbeit. Glücklicher Zufall, unwichtige Kleinigkeit oder ein Grund, ehrlich zu sein und dem Busfahrer das Geld zurückzugeben? Der Pastor findet manchen Grund, das Geld einfach zu behalten, aber schließlich siegt seine Gewissenhaftigkeit.

Er steht auf, geht zum Busfahrer nach vorn und sagt: „Entschuldigen Sie, aber Sie haben mir zu viel Geld herausgegeben, als ich vorhin meine Fahrkarte bezahlt habe!"

Der Fahrer erwidert locker: „Ich weiß. Ich war gestern in Ihrer Kirche und hörte Sie über die Gebote Gottes sprechen. Da wollte ich nur mal ausprobieren, ob Sie selbst auch tun, was Sie anderen predigen!"

*Oft fragen Sie sich, ob sich denn der Glaube lohnt. Ob es einen Unterschied macht, an Gott zu glauben, oder nicht. Ja, es macht einen Unterschied. Die Menschen sehen Sie! Sie beobachten genau. Und Sie werden auf Ihre Weise ein Segen für sie. Weil sie so anderes an Ihnen entdecken. Und dadurch geht von Ihnen Trost aus: Sie sind nicht so wie die anderen. Sie sind unvergleichbar. Sie sind erfrischend anders! Ihr Glaube, Ihr Gottvertrauen macht den kleinen, aber feinen Unterschied!*

# Getrost wertvoll

Fürchte dich nicht, denn ich habe dich erlöst;
ich habe dich bei deinem Namen gerufen; du bist mein!
JESAJA 43,1

Zusammengekauert sitzt er im Studierzimmer seines Pastors. Er fühlt sich total zerschlagen. Tränen laufen über das eingefallene Gesicht des Jungen. „Komm schon, sag doch was dich derart bedrückt, Jakob." Gütig lächelt ihm sein Pastor zu. Endlich rappelt sich der Junge auf. „Papa hat recht, das krieg ich nie hin! Nie! Was ich hinkriege, sind Nullen, nichts als Nullen." Zaghaft beginnt er, dem Pastor zu erzählen, was er alles verbockt hatte, als der alte Mann zum Notizblock greift. Der Junge fährt hoch: „Aber du schreibst das nicht etwa auf!"

„Beruhige dich, den Zettel bekommst du, wenn deine Anklage fertig ist." Endlich war er soweit und Jakob trat zu ihm hin. Wieder sank der Junge zusammen. „Schau, hier steht all das, was du in deinem Leben verbockt hast." Er zeigt ihm den Zettel. „Stimmt, das

bist du! Aber du hast dein Leben Jesus übergeben. Das alles hat er auf sich genommen und in Ordnung gebracht. Das alles spricht nicht mehr gegen dich! Und Jesus hat sich zwischen Gott und dich gestellt. Nichts, rein gar nichts Verwerfliches findet Gott an dir!"

Vor die lange Reihe von Nullen schreibt er eine rote Eins. „Du bist kostbar für Gott. Der ist total in seinen Sohn verknallt. Er liebt dich, nicht, weil du eine Leistung vollbracht hast, sondern weil Jesus für deine Fehler gerade steht. Du bist sehr kostbar in Gottes Augen! Auf dem Zettel steht dein unvorstellbar hoher Wert!!"

1000000000000000000000000000000
0000000000000000000000000000000!

Sitzen Sie gerade auf dieser Bank? Zusammengekauert, mit vielen Selbstzweifeln, mit vielen Vorwürfen, mit vielen Versagensängsten? Reden Sie sich gerade ein: Ich bin es nicht wert, ich kann nichts; ich bringe es zu nichts?

Sehen Sie nicht auf die vielen Nullen. Viele davon hat man Ihnen zu Unrecht angehängt. Aber diese Nullen machen nicht viel aus. Viel aus macht die Eins! Die verändert! Die ist maßgeblich. Und diese Eins müssen wir nicht selbst sein. Nicht wir müssen uns durch Hochleistung in Bestform beweisen. Gott selbst ist unsere Kraft, die in unserer Schwachheit mächtig ist. Gott hat uns beim Namen gerufen. Zum Namen gehört die ganze Biografie. Alles hat Gott gerufen und sagt: „Meins!"

Trösten Sie sich: Sie gehören mit allem Gott! Und das macht unser Leben wertvoll und reich!

# Getrost gespannt

Denn du, Herr, bist gut und gnädig,
von großer Güte allen, die dich anrufen.
PSALM 86,5

Der Pastor war schon seit Stunden durch die Wälder Nordkanadas gefahren und erreichte todmüde ein kleines Hotel. Sein Ziel war eigentlich eine Siedlung weiter im Norden, wo er einige Christen besuchen wollte. Im Hotel fiel ihm eine Indianerin mit einem traurigen Gesichtsausdruck auf. Am nächsten Morgen lud er sie ein, bei der Andacht dabei zu sein. Sie kam. Anschließend bat sie den Pastor: „Lehren Sie mich bitte ein kurzes Gebet. Aber es sollte sehr kurz sein, weil ich nicht so begabt bin, viel auswendig zu lernen."

Gerne sagte der Pastor ihr ein Gebet, das aus einem Wort für jeden Finger ihrer Hand entsprach: „Zeig mir, wie ich bin." Nach einer Woche kam der Pastor auf seiner Rückreise wieder vorbei. Die junge Indianerin aber war noch trauriger als zuvor. Auf seine Frage hin beteuerte sie, dieses Gebet jeden Tag gebetet zu haben. Dadurch sei sie noch trauriger geworden. Der Pastor antwortete ihr: „Hören Sie für die nächste Zeit mit diesem Gebet auf. Ich will Ihnen ein anderes beibringen: Zeig mir, wie du bist!" „Wie lange soll ich dieses Gebet beten, Pastor?" „So lange Sie leben."

Einige Jahre später kam der Pastor wieder in diese Gegend und wollte im gleichen Hotel übernachten. Die Bewohner der ganzen Gegend erschienen zum Gottesdienst, fröhliche junge Leute und viele Kinder stellten sich ein. Im Gottesdienst gab es ein fröhliches Singen. Dann kam eine nett gekleidete Indianerin auf ihn zu – es war die damals so traurige Angestellte des Hotels. Auf die Frage des Pastors hin erzählte sie: „Seit Sie damals gegangen sind, habe ich dieses Gebet jeden Tag gebetet. Jesus hat

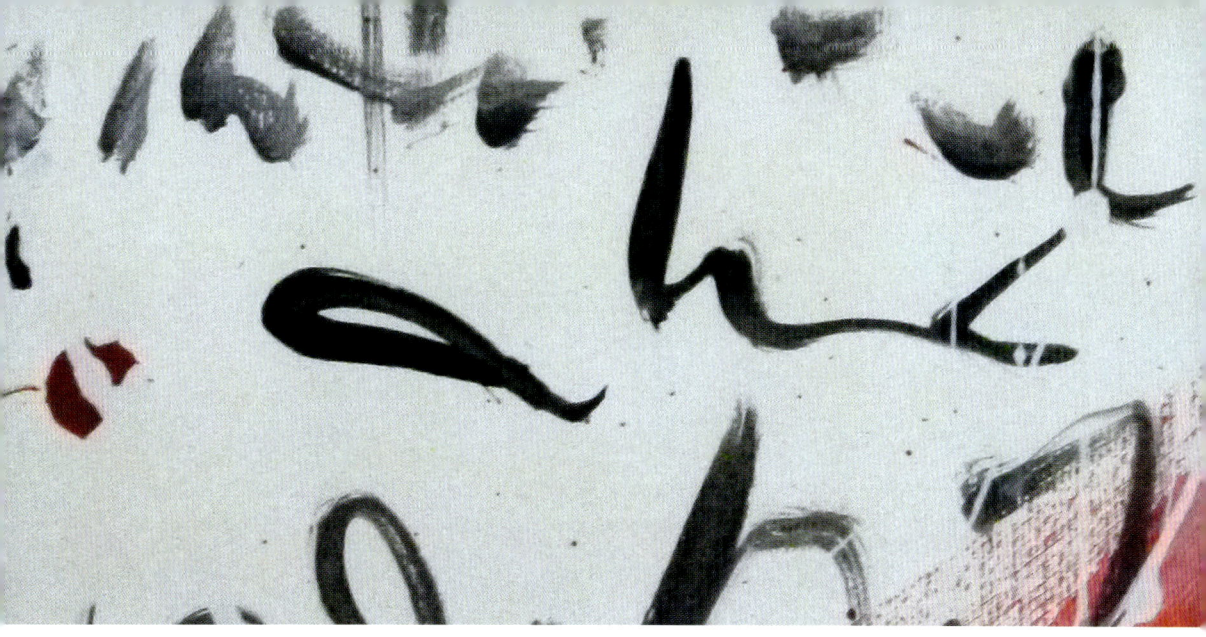

mir gezeigt, wer und wie er ist. Ich lernte ihn von Tag zu Tag mehr lieben. Ja, Pastor, dieses Gebet werde ich weiterhin beten, bis ich Jesus sehen werden."

*In alle Sorgen, die uns plagen, spricht Jesus: „Trachtet zuerst nach dem Reich Gottes und nach seiner Gerechtigkeit, so wird euch das alles zufallen" (Matthäus 6,33).*

*Was für ein Trost: Wir dürfen gespannt sein, wie sich die Dinge zum Besten wandeln, wenn wir über unser eigenes Wohlwollen die Ehre Gottes stellen. Wenn wir über unsere Niedergeschlagenheit zuerst die Größe und Erhabenheit Gottes stellen. Wenn wir zu ihm aufsehen und für ihn offen sind, werden sich neue Perspektiven ergeben!*

# Getrost ein Segen

Deine Sonne wird nicht mehr untergehen und dein Mond nicht den Schein verlieren; denn der Herr wird dein ewiges Licht sein, und die Tage deines Leidens sollen ein Ende haben.

JESAJA 60,20

Die Absolventen einer theologischen Akademie waren versammelt, um zu beurteilen, welche der sechs bekanntesten Bibelübersetzungen in die deutsche Sprache die beste ist. Sie konnten lange nicht zu einer übereinstimmenden Meinung kommen, weil jede Übersetzung ihre Vorzüge, aber auch ihre Mängel hat. Das Ende der Diskussion wurde durch einen jungen Mann herbeigeführt, der sagte: „Ich bin überzeugt, dass die beste Übersetzung die ist, die meine Mutter für mich gemacht hat."

„War sie denn eine Übersetzerin?"

„Jawohl, und welch eine!", erklärte der junge Mann begeistert. „Sie hat mit ihrem ganzen Leben die Bibel übersetzt, so dass sie für immer in meinem Herzen geblieben ist!"

*Wie viel Trost und Segen ging von den Menschen aus, die mir persönlich Bibelübersetzer waren. Nicht mit großen Theologien, sondern mit ihrer gelebten Gottesebenbildlichkeit. Einer hat gesagt: Christen sind die einzige Bibel, die die Welt liest und versteht. Ja, wir haben etwas zu geben, haben etwas zu sagen. Wir sind Trostspender. Auch in den Momenten, wo wir des Trostes bedürfen.*

# Getrost dankbar

Danket dem Herrn; denn er ist freundlich, und seine Güte währet ewiglich.

PSALM 118,1

Ein 92-jähriger Mann beschloss nach dem Tod seiner Frau, ins Altersheim zu gehen. Die Wohnung schien ihm zu groß. Er wollte für seine letzten Tage auch noch ein bisschen Gesellschaft haben, denn er war geistig noch in guter Verfassung.

Im Heim musste er lange in der Halle warten, ehe ein junger Mann zu ihm kam und mitteilte, dass sein Zimmer nun fertig sei. Er bedankte sich und lächelte seinem Begleiter zu, während er, auf seinen Stock gestützt, langsam neben ihm herging.

Bevor sie den Aufzug betraten, erhaschte der Alte einen Blick in eines der Zimmer und sagte: „Mir gefällt es sehr gut."

Sein junger Begleiter war überrascht und meinte, er habe doch sein Zimmer noch gar nicht gesehen.

Bedächtig antwortete der alte Mann. „Wissen Sie, junger Mann, ob ich den Raum mag oder nicht, hängt nicht von der Lage oder der Einrichtung, sondern von meiner Einstellung ab, von der Art, wie ich ihn sehen will. Und ich habe mich entschieden, glücklich zu sein. Diese Entscheidung treffe ich jeden Morgen, wenn ich aufwache, denn ich kann wählen. Ich kann im Bett bleiben und damit hadern, dass mein Körper dies und jenes nicht mehr so reibungslos schafft. Oder ich kann aufstehen und dankbar sein für alles, was ich noch kann. Jeder Tag ist ein Geschenk, und solange ich meine Augen öffnen kann, will ich sie auf den neuen Tag richten. Solange ich meinen Mund öffnen kann, will ich Gott danken für all die glücklichen Stunden, die ich erleben durfte und noch erleben darf."

*Der Dank verändert unser Leben. Dank hat nicht unbedingt nur etwas mit Gefühlen zu tun. Es ist eine Einstellung. Ich darf mich entscheiden, dankbar zu sein und aus dieser Perspektive das Leben zu sehen. Oder undankbar zu sein, alles unter einem negativen Vorzeichen zu sehen. Dann sind das Grübeln, der Missmut und die Unzufriedenheit das Bestimmende. Spüren Sie dem Trost der Dankbarkeit nach! Sie ist ein Segen!*

# Getrost nach vorne sehen

Gedenkt nicht an das Frühere und achtet nicht auf das Vorige! Denn siehe, ich will ein Neues schaffen, jetzt wächst es auf, erkennt ihr's denn nicht? Ich mache einen Weg in der Wüste und Wasserströme in der Einöde.

Jesaja 43,18-19

Ein bekannter Prediger, der seine Ferien zusammen mit seinem Enkel an der See verbrachte, begegnete einem anderen alten Geistlichen. Der alte Mann war sehr missgestimmt und hatte zu allem Überfluss auch noch einen leichten Sonnenstich. Der kleine Junge hatte den Männern zugehört, jedoch nicht alles richtig erfasst. Als sie sich von dem nörgelnden alten Mann getrennt hatten, wandte der Junge sich an seinen Großvater und sagte: „Hoffentlich musst du niemals unter einem Sonnenuntergang leiden, Großvater!"

Kennen Sie Menschen, die im Sonnenuntergang leben, weil sie mit der Vergangenheit nicht klar kommen? So viel unerfüllte Wünsche, so viel Enttäuschung, so viel Misslungenes, so viel verpasste, verspielte, vertane Chancen. Tausend Gründe liegen hinter uns,

mürrisch, missgestimmt, depressiv zu werden. Tausend Gründe, abgelenkt und manipuliert zu werden. William Barclay sagte: „Christen gehen nicht dem Sonnenuntergang, sondern der Morgendämmerung entgegen." August Hermann Franke fasste es 1889 in der Liedstrophe zusammen: „Nun aufwärts froh den Blick gewandt und vorwärts fest den Schritt! Wir gehen an unsers Meisters Hand, und unser Herr geht mit."

*Die Aufforderung Gottes, nach vorne zu schauen – auf das Neue, das bereits wächst – ist ein starker Trost. Ob wir es schon sehen oder nicht, ob wir es schon glauben können oder noch nicht: Im Verborgenen, im Kleinen – noch unsichtbar – entsteht etwas Neues, das Gott möglich*

macht. Er öffnet Türen. Er schenkt neue Möglichkeiten. Er macht einen Weg mitten in der Wüste! Und wir werden staunen: Es ist ein guter Weg an Wasserbächen!

Erinnern Sie sich ganz bewusst daran, indem Sie einen kleinen Spaziergang unternehmen und dabei beten: Gott, ich will das Alte loslassen, nicht mehr an früher denken. Es ist weggespült, wie von einem Fluss. Und du wandelst alles in Gutes! Danke dafür. Nun hilf mir, meine Augen nach vorne und nach oben zu richten. Um wahrzunehmen, was du wachsen lässt! Ich bin gespannt auf deine Überraschungen! Amen.

# Getrost auf ein Neues

Die Güte des Herrn ist's, dass wir nicht gar aus sind,
seine Barmherzigkeit hat noch kein Ende, sondern sie ist alle Morgen neu,
und deine Treue ist groß.
KLAGELIEDER 3,22-23

Wilhelm Busch (1897–1966) erzählte gern die Geschichte von einem Posaunenmeister, den er eines Morgens fragte: „Was gibt's Neues?"

Der antwortete: „Ich habe eben gelesen: ‚Seine Güte ist alle Morgen neu.'" Das ist jeden Tag das Allerneueste! Aktueller als die Nachrichten aus Radio und Fernsehen, oder sonst etwas. Zugleich ist es eine Aktualität, die unsere Existenz täglich betrifft.

*Viele stellen sich die Frage gar nicht: Was gibt's Neues? Vielen sind die Sorgen und Herausforderungen des neuen Tages eine Last und eine große Hürde. Denen gilt dieser Trost: Gottes Güte ist neu, jeden Morgen! Güte ist die Menschenfreundlichkeit Gottes, seine Zuwendung zu uns: bedingungslos und grenzenlos. Güte ist*

*nichts, was man sich erarbeiten muss. Sie ist nicht vom Gutsein oder Schlechtsein abhängig. Sie ist einfach da – aus großer Liebe, aus großem Interesse, aus großer Sehnsucht Gottes nach seinen Menschenkindern!*

# Getrost nachfolgen

Der Herr ist mein Hirte, mir wird nichts mangeln.

PSALM 23,1

Der Herr gibt mir für meine Arbeit das Tempo an. Ich brauche nicht zu hetzen.

Er gibt mir immer wieder einen Augenblick der Stille, eine Atempause, in der ich zu mir komme.

Er stellt mir Bilder vor die Seele, die mich sammeln und mir Gelassenheit geben.

Oft lässt er mir mühelos etwas gelingen, und es überrascht mich selbst, wie zuversichtlich ich sein kann.

Ich merke: Wenn man sich diesem Herrn vertraut, bleibt das Herz ruhig.

Er ist in jeder Stunde da, und in allen Dingen, und so verliert alles andere sein bedrohliches Gesicht.

Oft – mitten im Gedränge, gibt er mir ein Erlebnis, das mir Mut macht.

Das ist, als ob mir einer eine Erfrischung reichte, und dann ist der Friede da und eine tiefe Geborgenheit.

Ich spüre, wie meine Kraft dabei wächst, wie ausgeglichen ich werde und mir mein Tagewerk gelingt.

Darüber hinaus ist es einfach schön zu wissen, dass ich meinem Herrn auf der Spur und dass ich, jetzt und immer, bei ihm zu Hause bin.

Amen.[6]

*Die Japanerin Toki Miyaschina hat diese wunderbare Übertragung des Psalm 23 verfasst. Es lässt zwischen den Zeilen unvergleichlich erkennen, wie gut es ist, diesem Hirten Vertrauen zu schenken und ihm zu folgen. Vertrauen meint: Ich muss nicht an allen Fronten selbst kämpfen. Ich darf die Friedensfahne vor meinem Gott hissen. Er sendet den guten Hirten, der die Fronten verteidigt und sich um meinen Mangel sorgt. Ich darf*

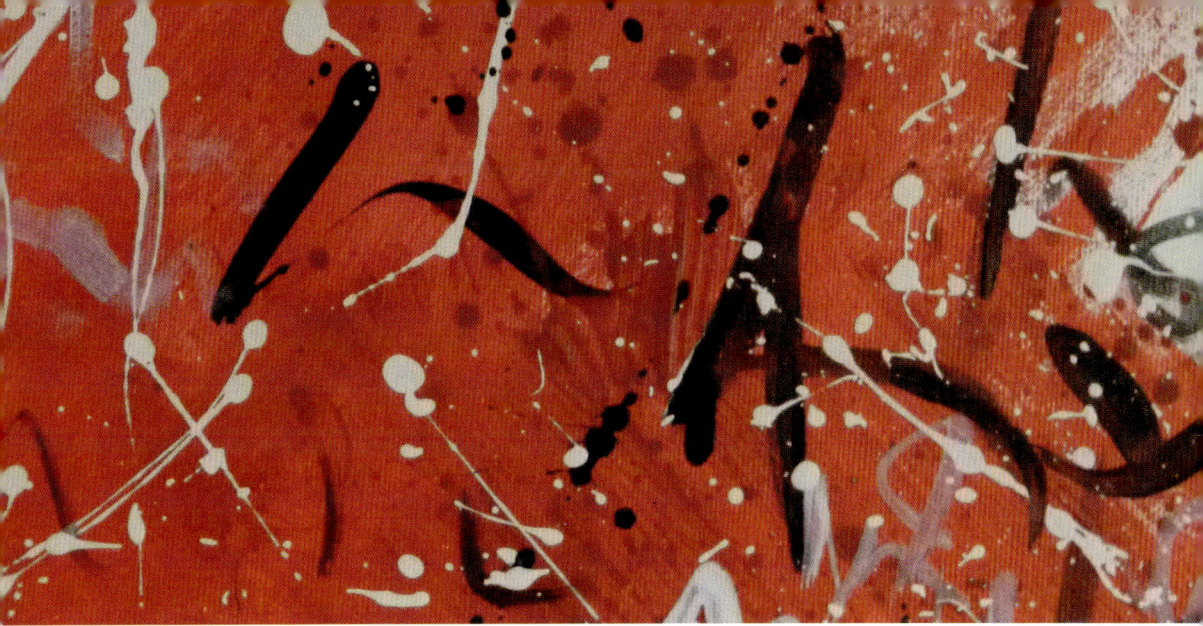

getrost nachfolgen! Und drehen Sie sich
ab und zu um, und entdecken Sie: Gutes
und Barmherzigkeit folgen Ihnen! Sonst
verfolgt Sie nichts und niemand!

# Endnoten

1     Nach einer Geschichte von Paul Watzlawick.

2     Elie Wiesel, „Im Königreich der Nacht …", aus: Ders., Der Prozess von Schamgorod. Übersetzt von Alexander de Montléart © dt. Übersetzung Verlag Herder GmbH, Freiburg i. Br. 1987.

3     Dietrich Bonhoeffer, Widerstand und Ergebung © 1998, Gütersloher Verlagshaus, Gütersloh, in der Verlagsgruppe Random House GmbH.

4     Dietrich Bonhoeffer, London 1933–1935 © 1994, Gütersloher Verlagshaus, Gütersloh, in der Verlagsgruppe Random House GmbH.

5     Matthias Schreiber (Hrsg.), Wer hofft, kann handeln © 2006 SCM-Verlag GmbH & Co. KG, D-71088 Holzgerlingen.

6     Nach Toki Miyaschina, Quelle unbekannt.

Vom gleichen Autoren:
**Herr, ich rufe zu dir**
Gebete für jeden Tag
Bestell.-Nr.: 52 50502; ISBN 978-3-86773-254-3

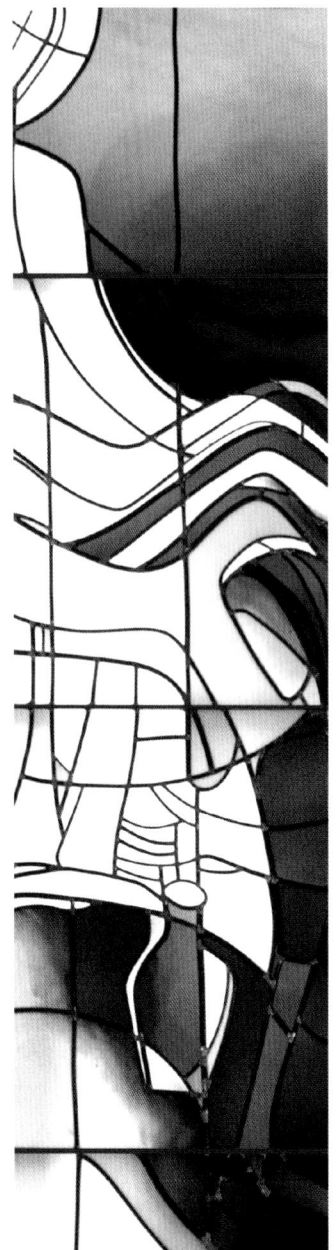

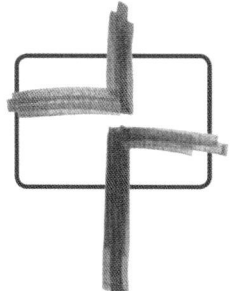